ATTESTATION

DE L'ASSEMBLÉE

DES ETATS GÉNÉRAUX

DE FRANCHE-COMTÉ,

Concernant la Maison de Bauffremont.

Cette Attestation fut expédiée par le Secrétaire des Etats-Généraux, & scellée de leur Sceau , le 20. de Novembre 1662.

AUTRE ATTESTATION DU PARLEMENT DE FRANCHE-COMTÉ du 15. Janvier 1662.

CE Titre revêtu de l'autorité des Etats-Généraux de Franche-Comté , & de celle du Parlement de cette Province prouve autentiquement & par lui-même la filiation de la Maison de Bauffremont depuis Henry de Bauffremont, fils de Gaultier de Bauffremont & d'Agnès de Cuzance , mari de Jeanne de Vergy , jusqu'à Charles-Louis de Bauffremont , Marquis de Meximieux, Grand-Baillif d'Aval , Général de Bataille en Espagne , Chevalier de la Toison d'Or , Marquis de Listenois , Vicomte de Salins & de Marigny, Baron de Clervaux & de Scey-sur-Saône , mari de Louise-Françoise de Bauffremont, fils de Claude de Bauffremont, Marquis de Meximieux, Baron de*

____

* La Franche-Comté étoit alors sous la domination de l'Espagne.

A

CeScey-sur-Saône, &c. & de Marguerite de Poligny.
Charles-Louis de Bauffremont fut aussi Colonel de six
Régimens, & pere de Pierre de Bauffremont, Mar-
quis de Listenois, Grand - Baillif d'Aval, Premier
Chevalier d'honneur du Parlement de Besançon , qui
de Marie des Barres * , son Epouse eut deux enfans ;
le premier, feu Jacques Antoine de Bauffremont,
Marquis de Listenois, Chevalier de la Toison d'Or,
Maréchal de Camp, tué au Siege d'Aire en Flandre, qui
de Louise-Françoise de Mailly, sa femme, n'eut qu'une
Fille, morte en bas âge ; le second fils de Pierre, est
Louis Bénigne de Bauffremont, Chevalier de la Toi-
son d'Or, qui d'Héleine , Princesse de Courtenay, sa
femme, a eu trois fils aujourd'hui vivans en 1753.
L'aîné , Louis de Bauffremont , Lieutenant-Général des
Armées du Roy, marié avec Marie Suzanne Simonne
Ferdinande de Ténarre-Montmain , Comtesse de Bour-
lemont, Baronne de Faucogney , &c. pere & mere de
Louise-Bénigne-Françoise-Octavie-Jacqueline-Lau-
rence de Bauffremont ; le second Fils de Louis-Béni-
gne, est Charles Roger de Bauffremont, Chevalier de
Malte, Brigadier de Dragons ; le troisieme , est Jo-
seph de Bauffremont, Chevalier de Malte , Capitaine
de Vaisseau. Ce sont les seuls mâles qui restent aujour-
d'hui 1753. de la Maison de Bauffremont.

AU Logis , & par-devant Nous, Jules Chifflet,
Abbé de Balerne, Grand Chantre & Chanoi-
ne de l'Eglise Métropolitaine de Besançon, Conseiller
de Sa Majesté en sa Cour souveraine de Parlement à
Dole, s'est représenté Jean Faviere de Gray, Doc-
teur ès Droits ; lequel Nous a remontré au nom &

comme ayant charge d'illuſtre Seigneur Meſſire Charles-Louis de Bauffremont, Marquis de Meximieux & de Liſtenois, Vicomte de Marigny, Baron & Seigneur de Scey-ſur-Saône, Clervaux, Fonvens, Montſaugeon, Durne, Puſey, Rans, Pleure, Commenailles, Aumont, Monet, &c. Baillif d'Aval, qu'il auroit préſenté ſa très-humble Requête à la Cour, tendante à avoir un Seigneur commis d'icelle, à l'effet de prouver & juſtifier comme il deſcend de la même Maiſon & du vrai tige de feu Meſſire Pierre de Bauffremont, jadis Comte de Charny, Chambellan du bon Duc Philippe de Bourgogne de glorieuſe mémoire, & Chevalier de la Toiſon d'Or en la premiere inſtitution l'an 1430; voire qu'il eſt iſſû du chef dudit Seigneur Comte de Charny, au moyen de Dame Jeanne de Bauffremont, ſeconde fille d'icelui, femme de Meſſire Philippe de Longvi, & Seigneur de Pagny & de Givry, mere de Dame Charlotte de Longvi, & femme de Meſſire Charles de Bauffremont, triſayeul paternel du feu Baron de Scey ſon pere. Laquelle Requête ayant été appointée par ladite Cour, elle nous auroit commis & député pour vaquer à la juſtification de ſon expoſé & de ſa deſcente ci-devant énoncée : nous requérant pour ce, à ce que nous ayons à accepter notre commiſſion, & vaquer conſéquemment à la vérification des titres que l'on nous voudroit produire à l'effet que deſſus, enſuite de l'appointement mis en marge de ladite Requête en date du 2. de Janvier 1662.

A quoi acquieſçant, & nous tenant pour commis en cette part, compétent & appellé avec nous pour cet effet Pierre Grillet Clerc, entrant à ladite Cour, nous y avons procédé comme s'en ſuit :

Premierement, nous a été produit le Traité de Mariage d'illuſtre Seigneur Charles - Louis de Bauffremont, Marquis de Meximieux, Baron de Montſaugeon, fils d'illuſtre, haut & puiſſant Seigneur Meſſire
Claude de Bauffremont, Chevalier, Baron, & Seigneur de Scey-ſur-Saône, du Conſeil ſecret de Guerre
de Sa Majeſté, Colonel de Cavalerie pour ſon Royal
ſervice, Baillif d'Aval, & depuis Gouverneur & Lieutenant Général pour le Roi des Pays & Comté de
Bourgogne; & de Dame Marguerite de Pouligny *,
Fille de feu Meſſire Gaſpard de Pouligny, Baron de
Châtillon-ſur-Liſon, & de Dame Françoiſe, Baronne
de Montfort d'une part, & illuſtre Damoiſelle Louiſe
Françoiſe de Bauffremont, Fille de feu illuſtre, haut
& puiſſant Seigneur Meſſire Joachim de Vienne dit de
Bauffremont, Marquis de Liſtenois & d'Arc-en-Bar-
rois, Baron de Clervaux, Baillif d'Aval, & de Dame
Marguerite de Rye, Fille d'illuſtre, haut & puiſſant
Seigneur Meſſire Chriſtophe de Rye de la Palud,
Marquis de Varambon, Comte de la Roche & de Varax, Balançon & Baron de Villers-Sexel, &c. Chevalier
de l'Ordre de la Toiſon d'Or, Meſtre de Camp de l'Infanterie Bourguignone aux Pays - Bas & Baillif de
Dole en ce Pays & Comté de Bourgogne, & de Dame Eléonore Chabot, Comteſſe de Baſançois, Baronne
& Dame de Neuf-Châtel, Montagu, Amance, Rou-
gemont, &c. auſſi d'autre part, paſſé le dernier jour

---

* La Maiſon de Pouligny ou Poligny eſt une des plus anciennes &
des plus illuſtres du Comté de Bourgogne, ſuivant l'ancien Proverbe :

Entre le Doux & le Drugeon,	Dont ſortit l'illuſtre Maiſon
Mourut Gérard de Châtillon,	De Poligny.

du mois d'Avril, en la Cité de Besançon, l'an 1640, re-
çû & signé par E. Billerey, Notaire Greffier de la Cour
Archiépiscopale de Besançon.

Secondement les Lettres-Patentes de Chevalerie
octroyées par les Sérénissimes Archiducs, Princes des
Pays-bas & de Bourgogne audit Seigneur Claude de
Bauffremont, Baron de Scey, où il est énoncé qu'il
descendoit de l'illustre Maison de Bauffremont, qui
avoit été honorée de l'Ordre de la Toison & de la
Croix d'Alcantara d'Espagne, en date de Bruxelles, le
10. Avril 1615.

Et en même suite nous a été produit l'Acte de la publication du testament de feu Messire Charles, Baron
de Montfort, Seigneur de Velleson & de Saint-Ilie, &c.
Premier Chevalier de la Cour Souveraine de Parlement
à Dole ; faite en la Chambre de l'Audiance de ladite
Cour, le 2e. jour du mois de Juin de l'an 1628, signé &
collationné de Jean Demardet, portant que ledit Seigneur Baron fait usufruitoire (*usufruitiere*) de ses
biens, Dame Louise de Bauffremont sa femme : & héritier Jean de Montfort, Grand Archidiacre de Besançon
son frere : lui substituant Messire François de Poligny,
Baron de Châtillon-sur-Lison ; & Messire Claude de
Poligny, Baron de Traves ses neveux, auxquels il
substitue aussi le fils aîné de Messire Claude de Bauffremont, Chevalier, Baron de Scey-sur-Saône ; & de
Dame Marguerite de Poligny sa chere niece, & à lui
défaillant, Charles-Louis de Bauffremont son frere, &
second fils desdits Seigneur & Dame.

Tiercement, certain titre en parchemin, contenant
un traité & transaction entre noble & genereuse Dame

Dame Claude de Villelume, Dame de Sombernon, Rans, Aumont, Pleure, Commenaille, &c. veuve de haut & puiffant Seigneur Meffire Guillaume de Bauffremont, Chevalier, Baron & Seigneur dudit Sombernon, &c. Capitaine des Gardes du Corps de fon Alteffe Séréniffime l'Archiduc d'Autriche, & Colonel du Bailliage d'Aval en ce Pays & Comté de Bourgogne d'une part ; & haut & puiffant Seigneur Meffire Jean de Bauffremont fon Seigneur & pere, Chevalier, Commandeur de l'Ordre d'Alcantara d'Efpagne, Baron & Seigneur de Clervaux, Scey-fur-Saône, Villafans-le-neuf, Ruffey-fur-Loignon, Ugiers, Pujey, Chariey, Fonvans, Chatelvilain, &c. Baillif d'Aval en ce Pays & Comté de Bourgogne, comme ayeul paternel de nobles Seigneurs Jean & Claude de Bauffremont freres, fes petits-fils, comme enfans & héritiers dudit feu Seigneur de Sombernon fon fils, & de ladite Dame de Villelume, d'autre part. Fait & paffé au Château dudit Clervaux le 18ᵉ. jour du mois d'Octobre 1599. reçu & figné par Notaires, en préfence des témoins y dénommés & duement homologué & infinué en la Cour de Parlement à Dole, du confentement de toutes parties, le 20. Mars 1600.

De plus, le Teftament en papier duement figné de haute & puiffante Dame Jeanne de Gorrevod, veuve de Meffire Philibert de la Chambre, Seigneur de la Cueuille & de Meximieux, faifant mention entr'autres de Dame Claude Philippe de la Chambre fa fille, & veuve de Meffire Chriftien de Villelume, Baron & Seigneur de Montfaugeon ; faifant exécuteur de fondit Teftament, Meffire Laurent de Gorrevod, Comte de Pontdevaux, Gouverneur pour S.A. au Pays de Breffe ;

& Messire Baltazard de Diximieux, Chevalier de l'Ordre du Roy, & Seigneur dudit lieu. Fait & passé à Chambéry le dernier du mois de Mars 1578.

Testament en parchemin, de haut & puissant Seigneur Messire Jean de Bauffremont, Chevalier de l'Ordre d'Alcantara d'Espagne, Commandeur de Losdies-mos, au Royaume de Castille, Baron & Seigneur de Clervaux, d'Urne, Villafans - le - neuf, Chatel-Vilain, Foncines, Chatel - de - Joux, Saint-Mauris, Ronchaux, Ruffey - sur - Loignon, Estival, Ugiers, Avrigney, &c. Conseiller de S. M. & son Baillif d'A-val en Bourgogne, par lequel il fait mention de Dame Béatrix de Pontaillier sa femme, de Demoiselles Claudine, Rose, Catherine, Françoise, Jeanne, Anne & Louise de Bauffremont, faisant héritiers Claude & Guillaume de Bauffremont. (*Joachim n'étoit pas encore né,*) ses fils & autres mâles qu'il pourroit avoir. Passé au Château de Clervaux, le 29. Décembre 1579.

Traité & transaction en papier duement signé, passé en forme de compromis & amiable composition entre les Seigneurs ci-après nommés, comme arbitres & amiables compositeurs du procès, meu & pendant entre hauts & puissans Seigneurs Antoine de Choiseul, Baron de Lanques & de la Ferté ; Messire François de Vergy, Chevalier, Comte de Champlitte, Baron d'Autrey, Morey, la Rochelle, &c. Gouverneur de Bourgogne, comme pere & tuteur légitime des enfans de lui & de feue haute & puissante Dame Dame Claude de Pontaillier sa femme & compagne ; Messire Claude de Pontaillier, Chevalier, Seigneur de Seveux & de Rigny - sur - Saône, comme mari de haute & puissante

Dame Dame Rofe de Pontaillier fa femme & compagne ; & Meffire Jean de Bauffremont, Chevalier, Seigneur de Clervaux, Chatel - Vilain, *&c.* Commandeur
de l'Ordre d'Alcantara au Royaume de Caftille, Confeiller de S. M. & fon Baillif d'Aval en Bourgogne ; &
haute & puiffante Dame Dame Béatrix de Pontaillier
fa femme & compagne , tous enfans héritiers de feue
haute & puiffante Dame Dame Antoinette de Vergy,
femme en premieres noces de Meffire Henry de Pontaillier, Chevalier, Baron de Flagey ; & en fecondes
de Meffire Jean de Choifeul , pere dudit Seigneur
Baron de Lanques ; avec fentence arbitraire y rendue
par les Seigneurs y dénommés , en date à Gray , le 13.
de Janvier de l'an 1577.

Lettres en parchemin , contenant certain accord &
tranfaction entre hauts & puiffans Seigneurs Meffieurs
François, Comte d'Efcars , Chevalier de l'Ordre du
Roy très-chrétien, Confeiller en fon privé Confeil, &
Capitaine de cinquante hommes de fes ordonnances ;
comme mari de Dame Claude de Bauffremont fa femme
d'une part ; & Antoine de Vienne , dit de Bauffremont,
Seigneur de Liftenois & de Sombernon , tant en fon
nom que comme foi faifant & portant fort, en cette
partie, de Meffire Claude de Bauffremont , Evêque de
Troyes ; & de Meffire Jean de Bauffremont, Seigneur
de Clervaux, Gentilhomme ordinaire de la Chambre
du Roy d'Efpagne , & Chevalier de fon Ordre d'Alcantara ; tous enfans, avec Dame Bénigne de Bauffremont leur fœur, Religieufe profeffe au Couvent de
Joüarre , de feu haut & puiffant Seigneur Meffire Claude
de Bauffremont, Baron & Seigneur de Scey-fur-Saône

ne , & de Dame Anne de Vienne fon époufe , ledit traité paffé le 7e. d'Octobre 1570. figné Bontems & Colleraux , Notaires.

Lettres en parchemin , contenant un acquit & décharge envers le Gardien & les Religieux du Couvent des Freres mineurs de Befançon , au profit de haut & puiffant Seigneur Antoine de Vienne, dit de Bauffremont ; Claude & Jean de Bauffremont, freres, Barons & Seigneurs de Sombernon, Scey-fur Saône, &c. comme co-héritiers, tant teftamentaires qu'autrement, de feu Meffire François de Vienne, Chevalier, Seigneur de Liftenois, fils de haute & puiffante Dame Dame Bénigne de Granfon, Dame dudit Liftenois & de Durne. Ledit acquit & payement fait au fujet de certaines fondations faites en leur Eglife, par feue Dame Catherine du Châtelet, jadis femme & époufe de feu noble & puiffant Seigneur Meffire Simon de Granfon *, Chevalier Seigneur de Poix, de Durne, & du Vaux-Saint-Julien, & en laquelle Eglife ladite Dame eft inhumée ; le fufdit payement fait en vertu d'un traité paffé à Befançon au Couvent des Freres mineurs, entre le Pere Gardien & les Religieux d'icelui d'une part ; & noble Nicolas de Rontchaux, Ecuyer, Seigneur dudit lieu, commis au gouvernement des Terres & Seigneuries defdits Seigneurs de Sombernon & de Scey, par Revediffime Seigneur Meffire Claude de Longvy, Cardinal, dit de Givry, Evêque & Duc de Langres & Pair de France, comme tuteur & grand-oncle paternel defdits

---

* La Maifon de Granfon étoit des plus illuftres & des plus anciennes. Ils étoient, dit Olivier de la Marche, de ceux que les Ducs de Bourgogne traitoient de *Coufins.*

B

Seigneurs de Bauffremont, en date du 22. Décembre 1551, dans lequel traité eſt jointe la copie du teſtament en papier, non ſignée, dudit Seigneur François de Vienne, Seigneur de Liſtenois, par lequel il inſtitue ſon héritier l'aîné, fils de ſa ſœur de Sombernon, à condition de porter le nom & les armes de Vienne *, avec celles de ſa Maiſon.

Lettres en parchemin contenant le partage entre hauts & puiſſans Seigneurs Meſſire Antoine de Vienne, dit de Bauffremont, Seigneur de Liſtenois, &c. Claude de Bauffremont, Abbé d'Aſey, Tréſorier de l'Egliſe de Tours & Prieur de S. Jomes, &c. & Jean de Bauffremont, Baron & Seigneur de Clervaux, freres, enfans héritiers de feu Meſſire de Bauffremont, à ſon vivant, Chevalier & Baron de Sombernon, Scey-ſur-Saône, Remilly-le-Tremblois, &c. touchant leurs biens paternels, paſſé en la Ville de Poligny le 9. Février 1559. Reçu par Coulon & Batavat, Notaires.

Lettres en parchemin ſous le Scel du Bailliage d'Aval, contenant la décretion de tutelle pour noble Seigneur Claude de Bauffremont, Seigneur de Scey-ſur-Saône, Sombernon, &c. fils unique, héritier de feu noble & puiſſant Seigneur Meſſire Charles de Bauffremont, vivant, Chevalier, Seigneur dudit Scey, Sombernon, Clervaux, &c. en la perſonne de noble & puiſſante Dame Dame Charlotte de Longvy, Dame deſdits lieux, veuve dudit Seigneur Charles, & mere

---

* Tout le monde éclairé connoît la grandeur de la Maiſon de Vienne, deſcendue par mâles, légitimement, de Othe-Guillaume, Comte de Bourgogne, ainſi que la Maiſon de Châlon. La branche de Vienne-Liſtenois eſt fondue dans la Maiſon de Bauffremont, c'eſt ce qui fait qu'on trouve ſouvent dans cet écrit des Bauffremonts, ſurnommés de Vienne.

dudit Seigneur Claude, en daté du pénultieme d'Août l'an 1520. auxquelles Lettres en parchemin sont join-tes d'autres contenant un acte de curatelle pour la per-sonne dudit Seigneur Claude de Bauffremont, auquel le Lieutenant de Poligny décerne pour curateurs, ainsi qu'il les auroit nommés, Huguenin de Visemal, Ecuyer, Seigneur de Bretigniere & de Fontanay en partie, Guyon de Mongeron aussi Ecuyer, Seigneur de Myon, & Blaise de Visemal aussi Ecuyer. Lesdites Lettres pas-sées à Poligny le dernier du mois d'Avril 1521.

Lettres en parchemin sous le scel du Baillage d'A-mont, en date du 5e du mois de Juin 1514, contenant la main-levée octroyée à noble & puissante Dame, Dame Charlotte de Longvy, veuve de feu noble & puissant Seigneur Messire Charles de Bauffremont, Seigneur & Baron de Sombernon, comme mere de noble Seigneur Claude de Bauffremont son fils, & comme veuve dudit feu Seigneur de Sombernon, con-formément au Testament & dernieres dispositions dudit Seigneur de Sombernon son mari. Lesd. Lettres reçues par Nicolas Ferrand, Greffier dudit Baillage, le 5e jour de Juin 1514.

Lettres en parchemin données sous le scel de la Chancellerie de Bourgogne, reçûes & signées par Ge-rard Bernard & Laurent Jannot Notaires royaux, en date de l'onzieme jour du mois d'Avril avant Pâques l'an 1480, touchant certains traités, accords, & tran-sactions faites entre noble & puissant Seigneur Ber-trand de Livron, Seigneur de Rivieres, Capitaine de Chissey, tant en son nom que de Dame Françoise de Bauffremont sa femme, & de Noble & Puissant Sei-

gneur Meſſire Pierre de Bauffremont, Chevalier, Seigneur de Vauvillars, tant en ſon nom que comme
pere & légitime Adminiſtrateur des corps & biens
des Damoiſelles Jeanne & Genevieve de Bauffremont
ſes filles & ſœurs de ladite Françoiſc, femme dudit
Seigneur de Livron, & à lui demeurées du corps de
feue Dame Anne de Bauffremont ſa feue femme, comme fille & héritiere de feu noble Demoiſel (*a*) Pierre
de Bauffremont, en ſon vivant Seigneur de Moulinot
& de Bourbonne d'une part; & nobles & puiſſans
Seigneurs Charles de Bauffremont, Chevalier, Seigneur de Sombernon, & Pierre de Bauffremont,
Ecuyer, Seigneur de Scey, freres, tant en leur nom
que de leurs autres freres & ſœurs, enfans héritiers
de feu Meſſire Guillaume de Bauffremont, vivant Seigneur dudit Sombernon, de Scey, *&c.* leur pere, d'autre part; pour raiſon de pluſieurs grandes ſommes que
leſdits Seigneurs de Scey & de Sombernon préten-
doient pour avoir été accordées audit feu Meſſire
Guillaume de Bauffremont leur pere, en traitant ſon
mariage avec feue Dame Jeanne de Villers-Sexel, jadis ſa femme, & mere deſdits Seigneurs Charles &
Pierre de Bauffremont, par feu, de bonne mémoire,
Meſſire Jean de Bauffremont, en ſon vivant Chevalier,
Seigneur de Mirebel, & frere dud. Meſſire Guillaume
de Bauffremont, au rachapt de mille Saluts (*b*) d'or, *&c.*

Vendage en parchemin de la Seigneurie de Gros-
Bois-les-Vitaux, par Meſſire Guillaume de Bauffre-

(*a*) En latin *Domiſellus.*
(*b*) *Salut*, ancienne Monnoye d'or, dont la Légende étoit *Salus Populi
ſuprema lex eſto.*

mont, Chevalier, Seigneur de Scey & de Sombernon, & Dame Jeanne de Villers-Sexel sa femme, passé le 19ᵉ Janvier 1456. A laquelle lettre est jointe une autre en même parchemin du 21ᵉ Juin 1460, contenant le retrait & rachapt de ladite terre par ledit Seigneur de Sombernon, & encore une autre Lettre en parchemin y jointe, en date du premier jour de Juillet 1460, contenant la rétrocession dudit rachapt en faveur de noble Seigneur Haubert de Haute-Ville, Ecuyer, Seigneur de Montaillot, fait par Messire Guillaume de Bauffremont, Chevalier, Seigneur de Scey & de Sombernon, &c. au nom & comme pere & tuteur de Charles, Claude, Marguerite, Pierre, Antoine, Pierre & Guillaume de Bauffremont ses enfans, moindres d'âge, procréés au corps de feue Dame Jeanne de Villers-Sexel, Dame desdits lieux, sa femme.

Lettres en parchemin contenant la permission & consentement donné par Messire Guillaume de Villers-Sexel, Seigneur de Clervaux en Montagne, à ce que Messire Guillaume de Bauffremont, Chevalier, Seigneur de Scey, comme mari de Dame Jeanne de Villers-Sexel sa fille, jouisse des Terres & Seigneuries de Sombernon & de Malain, & à lui arrivées à raison de Dame Catherine de Montagu (c), Dame desdits lieux, ayeule paternelle de ladite Dame Jeanne, comme aussi des droits qui lui pourroient compéter, à cause de feue Dame Charlotte de Noyen sa mere, & femme jadis dudit Seigneur Guillaume de Villers-Sexel, lesdites Lettres passées l'onzieme jour du mois de Janvier 1437.

(c) *Montagu*, Branche cadette de la premiere race des Ducs de Bourgogne, descendus par mâles des Rois de France Hugues-Capet & Robert.

Nous a été produit de plus le livre de l'Hiſtoire Généalogique de la Maiſon de Vergy, imprimé à Paris l'an 1619, & compoſée par le ſieur du Chêne, Hiſtoriographe de France; lequel, au livre huitieme, page 375, aſſure le mariage contracté entre Meſſire Henry de Bauffremont, Chevalier, Seigneur de Scey, Chambellan du Duc de Bourgogne avec Jeanne de Vergy, fille de Meſſire Guillaume de Vergy, Chevalier, Seigneur de Mirebel & de Dame Agnès de Jouvelle, Dame de Charny, ſa femme; le tout du conſentement de Meſſire Jean de Vergy, Chevalier, Sire de Fonvens ſon oncle & tuteur; & après la mort de Jean de Vergy ſon frere mort ſans hoirs, elle hérita des Terres de Mirebel, de Choye, & de Soilley, & eut pour enfans entre autres Jean de Bauffremont, Seigneur de Bourbonne & dudit Mirebel, mari de Marguerite de Châlon, & Pierre de Bauffremont, Seigneur, & depuis Comte de Charny, Chambellan de Philippe le Bon, Duc de Bourgogne, ainſi même qu'il conſte de ce que deſſus par divers Arrêts de la Cour de Parlement, rapportés dans le ſuſdit livre dudit ſieur DuChêne, & aux preuves d'icelui en ſa ſeconde partie, page 392, 1393, & ſuiv.

Nous a auſſi exhibé audit effet un livre des mémoires de Meſſire Olivier de la Marche, imprimé à Bruxelles l'an 1616, qui porte & vérifie que Meſſire Pierre de Bauffremont, Chevalier de l'Ordre de la Toiſon d'Or, Comte de Charny, dans le pas qu'il ſoutint, & le mémorable Tournois dont il fut auteur, rapporté avec toutes les magnificences plus amplement dans ledit livre, il avoit entre autres Seigneurs, Compa-

gnons d'armes , & défendans ledit pas , un sien frere
nommé Messire Guillaume de Bauffremont , Sire de
Scey & de Sombernon , qui fit merveilles soutenant
ledit pas contre le Comte de Saint-Martin Piémontois,
ainsi qu'il est porté amplement audit livre , page 194.
& suivantes.

De plus , nous a été produit le premier tome de
l'Histoire Généalogique de la Maison de France , im-
primée à Paris l'an 1628 , composée par Messieurs
Scevole & Louis de S^te. Marthe , freres jumeaux ,
Avocats en Parlement , & Historiographes de France,
qui rapportent le mariage dudit Seigneur Pierre de
Bauffremont Comte de Charny , avec Dame Marie de
Bourgogne , fille naturelle du bon Duc Philippe d'éter-
nelle mémoire , en l'an 1448 , ainsi qu'il est rapporté
avec leur postérité , au livre 12e. page 745.

Pour la plus grande vérification de quoi nous a été
encore exhibé le Livre des Mélanges Historiques de
Messire Pierre de S. Julien de la Maison de Baleurre,
Doyen de l'Eglise Cathédrale de Châlons , rapportant
aux feuillets 345. 369. 375. comme ledit Seigneur
Pierre de Bauffremont, Comte de Charny avoit épousé
ladite Marie de Bourgogne , de laquelle il avoit eu
trois filles , dont la seconde avoit épousé Messire Philippe de Longvy , Seigneur de Pagny & de Givry ,
duquel mariage seroient sortis entr'autres enfans, le
Réverendissime Cardinal de Givry , Evêque & Duc
de Langres , Pair de France , & que ledit Comte avec
les Seigneurs ses freres , étoient fils de Messire Henry
de Bauffremont , Seigneur de Scey-sur-Saône ; & de
Dame Jeanne de Vergy Dame de Mirebel sa femme,

& petit-fils de Messire Vauchier de Bauffremont, & de Dame Agnès de Cusance sa seconde femme, ainsi qu'il est énoncé plus amplement audit Livre.

A l'occasion de quoi nous a encore été produit un Testament en parchemin, procédant de l'Archive Archiépiscopale de Besançon, de noble & puissant Seigneur Guichard de Cusance, Chevalier, Seigneur de Saint-Julien & de Coligniac, faisant héritier Messire Jean de Cusance, Chevalier, Seigneur de Bauvoye *, son frere, & les enfans de Dame Agnès de Cusance, jadis sa sœur, & femme jadis de Messire Vauchier de Bauffremont, Chevalier, où est joint l'acte de publication dudit Testament, qui se trouve en date de l'an 1449.

Finalement, nous a été exhibé pour plus grand témoignage du lustre de la Maison de Bauffremont, le susdit Livre du Sr. du Chêne de la Généalogie de la Maison de Vergy. Au fol. 215. des preuves se voit le Testament de Robert Duc de Bourgogne, daté du 25. de Mars, de l'an 1297. par lequel il fait une mention illustre & considérable de Messire Liebault de Bauffremont, le qualifiant par plusieurs & réitérées fois son cher Cousin, & l'instituant exécuteur de sondit Testament, avec ordre à la Duchesse Dame Agnès de France sa femme, de se servir de son conseil en ses plus importantes affaires, & dans le maniement de la tutelle du Duc son fils & héritier, le nommant même tuteur d'icelui, en cas que cette Princesse vienne à convoler en secondes noces, ainsi qu'il se voit tout au long porté au susdit Testament.

---

* Bauvoye, Bauvoir ou Belvoir, c'est le nom d'une des plus grandes Maisons du Duché de Bourgogne.

Par

Par le moyen de tous lefquels titres ci-devant produits, que nous avons tous vûs & foigneufement exa-
minés, & que nous avons trouvés en bonne forme &
hors de tous vices & fufpicions, mais fains, entiers, &
faifant foy entiere, confirmés même par les auteurs
cette part exhibés, où nous avons lû & reconnu la vérité de tout ce qui a été ci-devant énoncé aux endroits
& feuillets remarqués ci-deffus, & tous lefquels nous
favons & connoiffons être des plus fameux & célebres
en matiere même d'Hiftoire Généalogique :

Nous avons évidemment reconnu que ledit Seigneur
Marquis de Meximieux a pour femme & époufe Dame Louife-Françoife de Bauffremont fa parente, comme fille d'illuftre, haut & puiffant Seigneur Meffiré Joachim de Bauffremont, vivant, Marquis de Liftenois &
d'Arc - en - Barrois, Baron & Seigneur de Clervaux,
Fonvens, &c. Baillif d'Aval; & de Dame Marguerite
de Rye *, fille d'illuftre, haut & puiffant SeigneurMef-
fire Chriftophe de Rye de la Palud, Marquis de Varambon, Comte de la Roche & de Varax, Baron &
Seigneur de Balançon, Villers-Sexel, &c. Chevalier
de l'Ordre de la Toifon d'Or, Meftre de Camp d'Infanterie Bourguignone aux Pays-bas, & Baillif de Dole; & Dame Éléonór Chabot Comteffe de Bufançois,
Baronne de Neuf - Chatel, Montagu, Amance, &c.
fon époufe.

Comme auffi être fils naturel & légitime d'illuftre &
excellent Seigneur Meffire Claude de Bauffremont,

______

* Voyez les Recherches de Le Laboureur fur la Maifon de Rye. Ceux
de cette Maifon, dont M M. de Bauffremont defcendent, ont contracté
plufieurs alliances avec des Maifons Souveraines.

C

Chevalier, Baron de Scey-fur-Saône, &c. du Conseil fecret de Guerre de Sa Majesté, Colonel de Cavalerie pour son Royal service, Baillif d'Aval, & depuis Gouverneur & Lieutenant-Général pour Sa Majesté en ces Pays & Comté de Bourgogne; & de Dame Marguerite de Pouligny sa femme & compagne, & fille de haut & puissant Seigneur Messire Gafpard de Pouligny, Baron & Seigneur de Châtillon-fur-Lifon, Traves, Velles, Peintres, Corcelles, &c. & de Dame Françoise, Baronne de Montfort sa femme.

Lequel Seigneur Baron de Scey avoit eu pour pere & mere Messire Guillaume de Bauffremont, Baron & Seigneur de Sombernon, Scey-fur-Saône, Malain, Ruffey-fur-Loignon, Pufey, Pufy, Chariey, &c. Capitaine des Gardes du corps du Séréniffime Archiduc Albert, Prince des Pays-Bas & de Bourgogne; & Dame Claude de Villelume, Marquise de Meximieux, Vicomteffe de Marigny, fille de haut & puissant Seigneur Messire Chriftien de Villelume, Baron de Mont-Bardon & de Mont-Saugeon, Chevalier de l'Ordre d'Alcantara d'Efpagne; & de Dame Claude Philippe de la Chambre, fille d'une de la Maifon de Gorrevod, qui a été honorée par deux fois du Collier de l'Ordre de la Toifon d'Or.

Lequel Seigneur Baron de Sombernon, ayeul dudit Seigneur Marquis, étoit fils de haut & puissant Seigneur Messire Jean de Bauffremont, Baron & Seigneur de Clervaux, Durné, Fonvens, Villafans-leneuf, Chatel-Vilain, Saint-Moris, Chatel-de-Joux, Avrigney, Eftival, &c. Chevalier de l'Ordre d'Alcantara, Commandeur de Los-dies-mos en Caftille, Baillif

& Colonel d'Aval ; & de Dame Béatrix de Pontaillier, fille de Meſſire Henry de Pontaillier, Baron & Seigneur de Flagey ; & Dame Antoinette de Vergy, Baronne de Fonvens, ayant ledit Seigneur Guillaume de Bauf-fremont, pour frere Meſſire Claude de Bauffremont, Abbé de Balerne, Prieur & Seigneur de Vaucluſe, grand Chantre de l'inſigne Egliſe Métropolitaine de Beſançon, Conſeiller & Maître aux Requêtes pour Sa Majeſté en ſa Souveraine Cour de Parlement, Baron & Seigneur de Durne, Villafans-le-neuf, &c. Meſſire Joachim de Bauffremont, Marquis de Liſtenois & d'Arc-en-Barrois ſus mentionné, comme pere de Dame Louiſe-Françoiſe de Bauffremont, femme dudit Mar-quis de Meximieux ; & leſquels freres portoient pour leurs quatre lignées de nobleſſe, ſavoir Bauffremont & Vienne, Pontaillier & Vergy, qui tous ont été hono-rés de l'Ordre de la Toiſon d'Or, au premier & troi-ſieme chapitre d'icelui.

Et duquel Seigneur Baron de Clervaux, biſayeul dudit Seigneur Marquis, ſe trouvent avoir été pere & mere, Meſſire Claude de Bauffremont, Baron & Sei-gneur de Scey-ſur-Saône, Sömbernon, Malain, Cha-tel-Vilain, Ruffey-ſur-Loignon, Moſey, Chanſey, Avrigney, Remilly, le Tremblois, &c. & Dame Anne de Vienne, fille du Seigneur Baron de Liſtenois & d'Arc-en-Barrois ; & de Dame Bénigne de Granſon, Dame de Durne ; leſquels outre ledit Seigneur Baron de Clervaux, eurent pour fils Meſſire Antoine de Bauffre-mont, qui, héritant de la Maiſon de Vienne par le moyen de la Dame ſa mere, à charge d'en porter le nom & les armes, avec celles de Bauffremont, fut Marquis de

Liftenois & d'Arc - en - Barrois, & mourut fans hoirs, faifant héritier Meffire Joachim de Bauffremont, troi-fieme & dernier fils de Jean de Bauffremont, Baron de Clervaux, fus mentionné, & pere de la Dame Mar-quife de Meximieux, dont a été fait mention; comme encore Meffire Claude de Bauffremont, Evêque de Troyes, Abbé d'Acey & de Longuay, Grand-Tréforier de Tours.

Et quant audit Seigneur Claude de Bauffremont, Baron de Sombernon, il fe trouve par les fufdits titres avoir été fils de haut & puiffant Seigneur Meffire Char-les de Bauffremont, Baron de Scey-fur-Saône & de Sombernon, Rupt, Ruffey-fur-l'Oignon; & de Dame Charlotte de Longvy, niece de Réverendiffime Clau-de, Cardinal de Givry Evêque, Duc de Langres, & Pair de France; comme fille de Meffire Philippe de Longvy, Chevalier, Seigneur de Pagny & de Givry; & de Dame Jeanne de Bauffremont, fille de Meffire Pierre, Comte de Charny, Chevalier de l'Ordre de la Toifon d'Or, oncle paternel dudit Seigneur Char-les.

Lequel eft vérifié auffi avoir eû pour pere & mere Guillaume de Bauffremont, Baron & Seigneur de Scey-fur-Saône, Clervaux, Sombernon, Malain, Rupt, Gros-bois, Remilly, le Tremblois, Ruffey-fur-l'Oi-gnon, Poncey, Motey, Avrigney, &c. & Dame Jeanne de Villers-Sexel, fille de noble & puiffant Sei-gneur Guillaume de Villers - Sexel, Seigneur dudit Clerval & du Chatel-de-Joux, Saint - Mauris, Fonci-nes, & autres Terres; & Dame Charlotte de Noyers fon époufe.

Et lequel Seigneur se trouve avoir été fils de Messire Henry de Bauffremont, Sire de Scey-sur-Saône,
Chambellan du Duc de Bourgogne, & de Dame
Jeanne de Vergy, sœur & héritiere de Jean de Vergy, Seigneur de Mirebel, décédé sans enfans; lequel
Seigneur Henry & Dame Jeanne de Vergy sa femme,
avoient aussi pour fils Jean de Bauffremont, Sire de
Bourbonne, & Pierre de Bauffremont, Comte de Charny, & frere dudit Messire Guillaume de Bauffremont
Seigneur de Scey & de Sombernon, ainsi qu'il a été
rapporté ci-dessus.

Les pere & mere dudit Henry de Bauffremont,
Seigneur de Scey, aussi-bien que de Jean de Bauffremont son frere, mari de Philiberte de Senecey, étoient
Messire Gauthier ou Vauchier de Bauffremont, Chevalier, Seigneur dudit Scey-sur-Saône, Vauvillers,
Soye, Rupt, &c. & Dame Agnès de Cusance *, fille
du Seigneur Baron de Bauvoir sa seconde femme.

Et par ce moyen nous avons reconnu dûement l'ex-
posé dudit Seigneur Marquis, pour bien & entierement
vérifié, & tenons pour certain & conforme à ce que
dessus, que ledit Seigneur est issu & descend de la vraie
Maison de Bauffremont, de laquelle ledit feu Seigneur
Comte de Charny, Chevalier de l'Ordre de la Toison
d'Or, sus mentionné, tiroit son origine & extraction
masculine; voire même qu'il est descendu du chef dudit
Seigneur Comte, par le moyen de Dame Jeanne de
Bauffremont sa seconde fille, femme de Messire Philippe

---

*La Maison de Cusance a fini dans le siecle dernier, en la personne de
Béatrix de Cusance, veuve du Prince de Cante-Croix, seconde femme
de Charles IV. Duc de Lorraine. Cette Maison a fait de tout tems les
plus grandes alliances.

de Longvy *, Seigneur de Pagny & de Givry, & mere de Dame Charlotte de Longvy fus mentionnée,
trifayeul paternel dudit Seigneur Marquis.

Nous ayant auſſi apparu, tant par les fuſdits titres
cette part produits, & autres ci-devant dénommés,
que ladite Maiſon de Bauffremont, dont ledit Seigneur
de Meximieux ſe trouve àpréſent chef, a été toujours
des plus iluſtres, & a tenu des premiers rangs, tant en
Bourgogne qu'ès Provinces circonvoiſines, y ayant
toujours été honorée des principales charges, & des
plus grands employs, & ſe voyant alliée aux plus grandes Maiſons, la plus-part deſquelles ont été honorées
de l'Ordre de la Toiſon d'Or.

Pour plus grande foy & aſſurance de tout quoi,
nous avons fouſſigné les préſentes avec ledit Grillet
que nous avons choiſi pour ſcribe en cette partie. Fait
en la Ville de Dole, le 15ᵉ. jour de Janvier 1662.

Pour copie conforme à l'original, auquel elle ſe
trouve conforme en tous ſes points, ainſi que le certi-
fie le fouſſigné Secretaire de Sa Majeſté, & ſecond
Greffier au Parlement de Dole, au Conſeil y tenu le 16ᵉ.
jour du mois de Janvier 1662. *Signé*, MEURGEY.

Scellé du Sceau du Parlement, en hoſtie, ſur papier.
Le préſent beſogné a été vû en l'aſſemblée des Etats
Généraux de la Franche-Comté de Bourgogne, le 20.
Novembre. *Signé* ET. PIERRE.

---

* La Maiſon de Longvy étoit une branche cadette de celle de Châlon ;
elle a fait les plus grandes alliances. Jacqueline de Longvy avoit épouſé
Louis de Bourbon ſecond du nom, Duc de Montpenſier. Elle étoit petite-
fille de Pierre de Bauffremont & de Marie de Bourgogne ſa troiſieme femme. *Voyez* Brantome & les Généalogies Hiſtoriques des Maiſons Souveraines, *in-4°*. Tome 3. page 449.

S'ensuit en une feuille séparée l'Attestation des Etats Généraux de la Province de Franche - Comté.

Sur Requête présentée aux trois Etats de la Franche-Comté de Bourgogne, assemblés en la Ville de Dole par ordre de Sa Majesté, de la part de Messire Louis de Bauffremont, Marquis de Meximieux & de Listenois, Baillif d'Aval, Général de Bataille & Armées de S. M. tendante à ce qu'il plût auxdits Etats de lui donner Attestation de la satisfaction qu'ils auroient eue de la conduite & gouvernement de feu le Baron de Scey son pere, ci-devant Gouverneur de ladite Franche - Comté, des grands & signalés services qu'il y a rendus, comme aussi des siens en particulier, de ceux de sa Maison, de sa naissance, condition & de ses biens; afin de pouvoir se servir de leur témoignage aux occasions qui se presenteront, des emplois & charges auxquels les personnes de son rang doivent aspirer; lesdits trois Etats inclinant à sa demande, & ne pouvant refuser à la mémoire dudit feu Baron de Scey, l'aveu de ses éminentes qualités, & des obligations que toute la Province lui a, de l'avoir pendant vingt années sagement & genereusement gouvernée, de même qu'audit Marquis de Meximieux; celui de ses services & de ceux de sa Maison, emplois & charges par eux tenues, attestent, en toute vérité, qu'en l'an 1641, la Province étant dans les plusgrandes calamités, desordres & violences de la guerre avec la France; le gouvernement d'icelle fut commis de la part de Sa Majesté audit feu Baron de Scey, lequel avec une prudence & valeur non pareille, remit instamment si bon ordre à toutes choses, rappella les peuples dissipés,

déposta les ennemis de plusieurs places qu'ils occu-
poient ; de sorte qu'ayant prudemment rétabli la liber-
té & le commerce, il auroit amené la Province à une
pleine tranquillité dont elle jouit présentement par la
paix générale entre les deux Couronnes : lesdits Etats
ayant reconnu & avoué, que le rétablissement & confervation de cette Province, est un effet de la sage &
prudente conduite dudit Baron de Scey, dont la Maison glorieuse leur sera perpétuellement en honneur &
vénération ; aussi est-il vrai que lesdits Etats après
avoir reffenti pendant dix années la douceur & la prof-
périté de sa grande conduite, auroient supplié très-
humblement Sa Majesté de le leur donner encore pour
Gouverneur en chef, comme elle auroit agréé de faire,
attestant aussi lesdits Etats, que ledit Marquis de Meximieux son fils dès l'an 1633. seroit allé servir Sa Majesté en ses Armées des Pays-Bas, jusqu'à l'an 1636,
que la guerre survenue en cette Province l'y rappella
pour y servir Sa Majesté, & de là avoir continué ses
fervices, tant ès Armées de Sa Majesté en Espagne
qu'ès Pays-Bas, jusqu'aux treves entre les deux Couronnes, y ayant eu les emplois de Capitaine de Cavalerie, de Colonel d'un Régiment de Chevaux - Legers,
& de depuis Général de Bataille, avec commission de
lever six Régimens, quatre d'Infanterie & deux de
Cavalerie, qu'il auroit conduits ès Armées des Pays-
Bas, où ayant aussi mené le Marquis de Listenois son
fils, celui-ci fut atteint d'une mousquetade combattant
contre les ennemis à la Bataille de Saint-Venant,
dont il mourut, attestant aussi ledit Marquis de Meximieux être de telle estime & considération dans lesdits

Etats

Etats qu'en l'affemblée qui en fut faite en l'an 1654. il fut député par la Nobleffe pour porter leurs recès aux Pays-bas, où il auroit fi utilement fervi là Province, à l'impétration & confervation de leurs principaux privileges, que lefdits Etats en cette derniere affemblée reconnoiffant lui en être obligés, auroient ordonné de lui en préfenter récompenfe ; atteftent auffi lefdits Etats que la Maifon de Bauffremont, dès plufieurs fiecles, eft connue, tenue, & avouée en cette Province très-illuftre & puiffante, tant par foi que par fes hautes alliances, qu'elle a continuées ainfi que lefdits Etats l'ont reconnu par les vérifications qui en ont été faites devant eux, conformément au befongné en dreffé par commis de la Cour de Parlement de Dole du quinzieme Janvier 1662 ; & que d'ailleurs il eft notoire en cette Province & par les hiftoires d'icelle, où l'on voit que du paffé les Seigneurs de la Maifon de Bauffremont tenoient des premiers rangs, charges, & dignités, comme fait aujourd'hui led. Marquis de Meximieux, reftant feul chef du nom & des armes de lad. Maifon, comme étant du vrai tige de feu Meffire Pierre de Bauffremont, jadis Comte de Charny, Chevalier de l'Ordre de la Toifon d'Or en la premiere inftitution faite en l'an 1430, & Chambellan du bon Duc Philippe de Bourgogne d'heureufe mémoire, non-feulement defcendu en droite ligne de Meffire Guillaume de Bauffremont, frere germain dudit Comte de Charny ; mais encore comme defcendu de Dame Jeanne de Bauffremont, feconde fille dudit Comte de Charny, par le moyen de Dame Charlotte de Longvi fa fille, mariée à Meffire Charles de Bauffremont, quatrieme ayeul paternel dudit Marquis.

D

Atteſtent auſſi leſdits Etats que ledit Marquis poſſede en cette Province beaucoup de Terres & Seigneuries principales ; ſavoir au Baillage d'Amont, la Baronnie de Scey-ſur-Saône avec un beau Château , &
qui eſt une Terre de haute marque en cedit pays ,
& d'où dépendent pluſiéurs Villages & Fiefs. Plus les
Seigneuries de Charriey & Puſey au Baillage d'A-
val , la Baronnie de Clervaux , qui eſt auſſi une Terre
de belle marque , & dont dépendent pluſiéurs Fiefs &
Villages , la Vicomté de Marigny , la Baronnie de
Mont-Saugeon , les Seigneuries de Monnet-la-Ville ,
Monnet-le-Bourg & Aumont. Au Baillage de Dole ,
il poſſede la Baronnie de Durne avec ſon Château ,
celle de Villa-fans-le-neuf, la Seigneurie de Rans avec
le Château & les dépendances ; toutés leſquelles Terres lui apportent de grands revenus capables de four-
nir & ſoutenir l'éclat & le luſtre de ſa Maiſon. En
foi dequoi nous avons fait expédier la préſente atteſtation par Etienne Pierre notre Secrétaire - Général ,
& y appoſer le ſcel ordinaire pour valoir & ſervir audit Seigneur Marquis de Meximieux , là & où il trou-
vera convenir. F A I T audit Dole , en notre aſſemblée,
le vingtieme de Novembre 1662. *Signé*, EST. PIERRE.
Par Ordonnance pour *duplicata* , E. PIERRE.

Dûement ſcellé du Sceau des trois Etats de la
Franche-Comté de Bourgogne, aſſemblés en la Ville
de Dole, en hoſtie , ſur papier.

S'enſuit l'Atteſtation du Parlement de Dole ,
en parchemin.

La Cour ſouveraine de Parlement à Dole ayant vû
la Requête & placet à elle préſentés par Meſſire Char-

les Louis de Bauffremont, Marquis de Meximieux, Baillif & Colonel d'Aval, tendant à obtenir attestation, tant des services de feu Messire Claude de Bauffremont, Baron de Scey son pere, en son vivant Gouverneur & Capitaine Général de ce pays & Comté de Bourgogne, que pour avoir commis de lad. Cour, pardevant lequel il pût justifier de sa naissance & extraction, & sur le tout; oui le rapport du commis à ce député, ladite Cour inclinant favorablement à la demande du Suppliant, atteste en toute vérité que led. Marquis de Meximieux est issû de la même Maison & du vrai tige de feu Messire Pierre de Bauffremont, jadis Comte de Charny, Chevalier de l'Ordre de la Toison d'Or en la premiere institution faite en l'an 1430, & Chambellan du bon Duc Philippe de Bourgogne d'heureuse mémoire; ayant été clairement reconnu par plusieurs titres justificatifs, que non-seulement led. Marquis de Meximieux est de son propre chef descendu de pere en fils de Messire Guillaume de Bauffremont, frere germain dudit Comte de Charny, mais de plus qu'il descend du chef dudit Messire Pierre de Bauffremont, au moyen de Dame Jeanne de Bauffremont sa seconde fille, femme de Messire Philippe de Longvi, en son vivant Seigneur de Pagny & de Givry; mere de Dame Charlotte de Longvi, & femme de feu Messire Charles de Bauffremont, trisayeul paternel dudit feu Baron de Scey. Et même que ladite Maison, dont ledit Marquis de Meximieux se trouve présentement le chef & seul du nom, auroit d'un tems immémorial, & par une ancienne tradition de pere en fils, tenu des premiers rangs en cette Province & dans les voisines,

D ij

y ayant toûjours été honorée des principales charges & dignités, & s'y voyant alliée aux plus illuſtres & principales Maiſons, qui ont été la plupart honorées de l'Ordre de la Toiſon d'Or; ſelon que du tout conſte clairement par le beſongné ſur ce dreſſé par ledit commis: auſſi eſt-il véritable qu'après beaucoup de ſervices importans rendus à Sa Majeſté par ledit feu Baron de Scey, dans des emplois conſidérables & relevés tant en pays étrangers qu'en celui-ci, y ayant été par deux différentes fois honoré de la commiſſion du Gouvernement des Armes en cette Province, & ſucceſſivement pourvû en chef du Gouvernement d'icelle, même ſelon la demande en faite par les trois Etats de ce Pays, dans la ſatisfaction générale de ſa douce & ſage conduite, il auroit continué de la gouverner ſi heureuſement l'eſpace d'environ vingt ans, qu'il auroit par ſes grands ſoins, vigilance, & prudente conduite, délogé les ennemis de pluſieurs Places qu'ils y avoient occupées avant qu'il fût en charge: en foi & vérité de quoi ladite Cour a fait appoſer en placard le cachet ordinaire de ſes armes à la préſente atteſtation, & fait ſigner icelle par André Murgey, Secrétaire de Sa Majeſté, & ſecond Greffier au Parlement de Dole, au Conſeil, y tenu le dixhuitieme jour du mois de Janvier 1662.

Et depuis, ſur Placet préſenté à la Cour ſouveraine de Parlement à Dole par ledit Marquis de Meximieux, tendant à avoir commis de ſon corps, par-devant lequel il pût ſemblablement juſtifier de la vérité de ſes emplois & ſervices particuliers, comme auſſi des poſſeſſions & terres de marque qui lui appartiennent en cette Province, & sur le tout, ouï le rapport du commis à ce député, icelle Cour inclinant à la demande du Suppliant, atteste avec même vérité avoir reconnu, selon la vérification en faite, qu'en l'an 1633. ledit Marquis de Meximieux étant allé servir Sa Majesté en ses Armées des Pays-Bas, dans le Terce * d'Infanterie Bourguignone, il y demeura jusqu'à l'an 1636, que la Province étant en guerre avec la France, & s'en étant retourné, il y servit pendant les années 1637 & 1638, en qualité de Capitaine d'une compagnie dans le Régiment de Cavalerie du Baron de Savoyeux, & après fut pourvû d'une Compagnie détachée de Cavalerie qu'il commanda jusqu'à l'an 1640, qu'il mit sur pied un Terce d'Infanterie dans la Province, & fut successivement fait Colonel du Régiment de Cavalerie dudit Baron de Savoyeux lors vacquant par sa provision du Gouvernement de Gray, dans tous lesquels emplois il s'est toûjours porté avec honneur & réputation selon les motifs de son bon zele au service du Roy & de la Province, en laquelle ayant été établi du depuis une surséance d'armes par permission des Gouverneurs Généraux des Pays-Bas, il passa en Espagne, & y rendit ses services dans les Armées de Sa Majesté avec un traitement de 200 ducats par mois dès l'année 1642 jusqu'à celle de 1647, à la satisfaction des Généraux ; & successivement étant retourné en cesdits Pays, ayant été député par la Chambre de la Noblesse, à l'assemblée y tenue des trois Etats l'an

---

* *Terce* ou *Terse*, c'étoit en ce tems-là un Corps de Troupes composé de plusieurs Régimens.

1654, pour porter les recès aux Pays-Bas, il y eut commiffion de faire une levée de fix Régimens, fça-voir quatre d'Infanterie, deux de Cavalerie, dans l'emploi & qualité de Sergent-Général de Bataille; laquelle levée ayant été par lui conduite èfdits Pays - Bas en l'an 1656, il y fervit avec le feu Marquis de Lifte-nois fon fils aîné, qui à l'âge de quinze ans fut grieve-ment bleffé d'une moufquetade qu'il reçut à la jambe, combattant contre les ennemis à la Bataille de Saint-Venant en Flandre, où ledit Marquis de Meximieux continua de fervir jufqu'à la fufpenfion d'armes entre les couronnes; qu'il retourna en cedit Pays, par licence & congé de Son Alteffe Séréniffime Dom Juan d'Autriche. Auffi eft-il certain que ledit Marquis de Meximieux poffede beaucoup de Terres & Seigneu-ries principales en cette Province; fçavoir au Baillage d'Amont, la Baronnie de Scey-fur-Saône avec un beau Château, qui eft une Terre de haute marque en cedit Pays; plus la Seigneurie de Chariey & Pufey: Au Baillage d'Aval, la Baronnie de Clervaux qui eft auffi une Seigneurie de belle marque, la Vicomté de Marigny, la Baronnie de Montfaugeon, les Seigneu-ries de Monnet-la-Ville, Monnet-le-Bourg, Aumont, & Pleurre: Au Baillage de Dole, il poffede la Baron-nie de Durne avec fon Château, celle de Villa-fans-le-neuf, la Seigneurie de Rans avec le Château en dé-pendant: toutes lefquelles Terres & Seigneuries lui fourniffent de grands & notables revenus, capables de foutenir l'éclat & ancien luftre de fa maifon. En foi de quoi ladite Cour a fait ajouter à fon atteftation ci-deffus écrite, ce témoignage de vérité, & figner icelui par André Murgey, Secrétaire de Sa Majesté , & second Greffier audit Parlement, au Conseil y tenu le 21.e d'Avril 1662. *Signé*, MURGEY.

Scellé en hostie, sur papier, à double queue de parchemin, du Sceau du Parlement.

Pour copie extraite & collationnée par le Notaire Royal soussigné, sur les expéditions des actes ci-dessus à l'instant rendus, signées du Greffier de la Cour, auxquelles expéditions la présente est conforme. A Besançon, le 7. Avril 1753. *Signé*, GUILLEMET, Notaire.

Controllé à Besançon le 7. Avril 1753, reçu 12. s. *Signé*, JACQUIN.

Nous, Jean Etienne Frédéric Caboud, Ecuyer, Conseiller du Roi, Lieutenant-Général du Baillage de Besançon au Comté de Bourgogne, où le papier timbré n'est point en usage, certifions à tous qu'il appartiendra que Maître Jean Guillemet qui a signé & collationné l'Extrait ci-dessus, est Notaire Royal en cette Ville, que foi pleine & entiere doit être ajoutée à tous les actes qu'il reçoit, signe, & collationne en la susdite qualité, tant en Jugement que dehors. En témoignage dequoi nous avons fait signer les présentes par Claude François Agnelot, Commis au Greffe dudit Baillage ; à icelles fait apposer le Sceau dont on use audit Siege. FAIT & donné audit Besançon, le 7. Avril 1753. *Signé*, AGNELOT,

---

De l'Imprimerie de LE BRETON, Imprimeur ordinaire du Roy, rue de la Harpe. 1753.